JN411240

가로로 부르는 노래

심지시선 021

가로로 부르는 노래

2013년 6월 17일 초판 1쇄 발행

지은이 반영동
펴낸이 윤영진
편 집 함순례
디자인 한천규 이경훈
펴낸곳 도서출판 심지
등록 제 253호
주소 300-812 대전광역시 동구 삼성동 125-2 4층
전화 042 635 9942
팩스 042 635 9941
전자우편 simji42@hanmail.net

ISBN 978-89-6627-043-9 03810

심지시선 021

가로로 부르는 노래

반영동 시집

심지

□ 시인의 말

떨어트린 씨앗이
꽃을 피웠다는 사실이
놀랍다

밟히지 않은 씨앗이
고맙고

밟지 않은 사람도
고맙다

시들까
물주는 사람은
더 고맙다

2013년 초여름
石心 반영동

차례

제2부 어머니 옥시기

제3부 소리 뒤편

제4부 비의 발자국

제1부
가로로 부르는 노래

봄이 오는 소리

뾰족한
초록 입맞춤
햇살 터지는 소리

양지 뜰
허기진 햇살
배불러 오는 소리

땅속
봄의 날갯짓
자궁 비우는 소리

옹달샘

항아리 속에 감춰두고
조금씩 꺼내 울다
산새 소리 없는 날
외로워 머문 자리

가을
엽서 한 장
빙빙 돌려
읽고 또 읽다
어머니 생각에
매듭짓고 떠나는

항아리에 반쯤 담아
조금씩 꺼내 울다
어머니 가슴인줄
그는 몰랐다

노래인가 슬픔인가

거리를 두고도 부딪치는 소리를
모서리로 말할 수 없지만
마음의 모서리가
올 여름엔
매미소리와 부딪쳤다

말 할 수 없는
소리와 소리의 부딪침이 수없는 상처를 만들어 온 시간
매미소리를 송이 아니라 콜이라던 아버님
파도를 넘지 못해
부딪치는 그 소리
버틸 수 없는 아픔

상처 없이 부딪힘이 더 아픈 밤
밤낮도 모르는 매미 소리
노래인가 슬픔인가다

징검다리

물수제비
담방담방 물 위로 뛰어 가면
사람들 보폭만큼 냇물 위를 걷고 싶어
징검다리를 놓는다

물은 등을 내밀 수 없어
수직으로 버티는 힘
한 발 한 발 떼어
불룩 솟아 오른 마음으로
오고가는 발길 젖을까
강물에 길을 내고

다리는
사람과 사람을 연결해 주는
허공의 접속사
입 다문 말줄임표 강물에 던져 놓고
오가는 사이사이 고향이 닮아 간다

강물이 깊어지면
강물처럼 살라지만
몸 낮춰 살다 보면
지름길이 된다

유리창 청소

가랑비 솔솔
때 불림 하더니

소낙비 주룩주룩
헹금질 한다

바람까지 걸레질
유리창 없어졌네

유리창 없는 세상
모두가 한세상

우체통

흉년이 아닌데도
배가 고프다

귀 먹고
늙었다고
외면당한 채

가끔
입맛 다시다
소화도 못 시키는
독촉장
경고장
초대장

그래도
기억력은 변함이 없다

가로로 부르는 노래

비탈 밭 수숫대 키만 높이다
서로가 한 세상 한 통속 되어
하늘 아래 제 발길 멈출 줄 알고
서로서로 배반이 두려워
높이로 말하지 않는다

끝선을 이어가는 무한한 질주로
푸른 들녘 그리며 한 입도 나눠 먹는
거친 들판 다져밟던 어머니 발길처럼
지평선 지켜온 생명의 노래

머리 끝 맞춰 사는 그들이
빛과 그늘이 맞닿는 끝선에서
서로가 음지 될까
어느 누구도 한 발 앞서지 않는다

지평선이 부르는 논두렁 연가처럼
수평선이 부르는 뱃고동 선율처럼

결 따라 사시던 아버지 발길처럼
누구나 따라 부르고 싶은 노래
가로로 부르는 노래

패랭이꽃

패랭이꽃, 당신

외딴집
나 홀로 외롭다 아니하며
작은 바람 흔들림에도 부끄러워하지 않고
벌 나비 오지 않는다 질투심 없이도
아름답다 찾아와 칭찬하는 이 없어도
발 뻗은 자리 박토라고 불평도 없이
서 있는 자리 절벽이라 두려움 없이
꽃향기 부족하다 빈 마음 아니듯이

당신은 언제나
패랭이꽃

비가 되면

감나무에 내리는 비
감나무만 좋아하고요

송아지 엉덩이 내리는 비
엉덩이만큼 넓고요

양철지붕 내리는 비
조심성이 없고요

쇠똥자리 내리는 비
코 막고 냄새 맡아요

겨울에 내리는 비
미쳤다고 놀려대지요

고향 집

아버지 헛기침으로 드나들던 대문에
거미들 생명줄 단단히 매 놓고
제 집이란다

살 비비며 5대째 살던 집이
손님처럼 낯설고
할아버지 묵은 냄새
곰삭은 지 오래

골단추 있던 마당가 우물물에 찰랑찰랑 울던 달
할머니 젖가슴처럼 빈 집이다
아버지 뒷짐 지고 걸으시던 사랑채 길
잡초들 웃자라 제 그림자 하나 세우지 못하고

고향은 건너 뛸 수 없는 호수
댓돌 밑에 숨겨진 생각들
빗장치고 깊은 잠 들었다
뒤뜰 출렁이는 푸른 물결

입 맛 잃은 장독 하나
섬처럼 외롭다

연잎 사랑

연잎 물방울

마주 보고
안아 볼까

토라져
헤어질까

방글방글
웃어줄까

시큰둥
돌아설까

가을 편지

후박 나뭇잎에
청띠 제비나비
점 찍고 점 찍고
점자로 쓴 엽서 한 장에
빨간 단풍잎
우표 한 장 붙여서
작년 가을
시집 간 누나
연지 곤지 바를까
소식 궁금 해
강물에 띄운 편지
달밤에 받아 읽는 귀뚤이
귀뚤귀뚤
누님 올가을도 붉다고
답장이라도 하는가

함박눈 오는 날

저 축하 비행을 보라
어느 누구를 지정한 축복이 아니잖은가

입맛 버린 시궁창에도
김이 모락모락 솟는 개똥 위에도
이빨 빠진 연밥에도
밑창 없는 신발 속에도
먹다 버린 개뼈다귀에도
함박웃음 가득하다
손수건을 꺼내 흔들지 않아도
모두가 반갑다
허물을 덮고 사는 일은 행복한 일이다

6월 소낙비

소낙비 오면
울 엄마는 맨발
앞마당에 너른 고추 반쯤 시들해지고
석 잠 잔 누에 뽕잎 시렁마다 가득한데
부르튼 맨발 어디로 갈까나

소낙비 그치고
무지개 뜨면
우리 아가 색동 옷 어디 걸라고
숨겨 논 구름 햇살
눈 뜨지 못해

젖은 눈물 말리지 못해
매미 울음 퉁퉁 불면
구름 한 점 둥둥
나 몰라라 하네

고드름

잇몸 시려
밤새
앵앵 대더니
송곳니 총총하다

늦은 아침
먹지 못해
부러진 이빨
제 입술 한번
깨물지 못하고

웃니 빠진 사람들
웃어도 슬프다
씹지 못한 아픔
잇몸으로 삭이는

사진 전시회

산도 뿌리째 옮겨다 놓고
강물도 줄기째 펴다 놓고
해도 뜨겁게 따다 놓고
양귀비 웃음 달래 놓고

너희 때문에

발등 부었다고
눈멀었다고
가슴 터지고
귀 먹었다고
모두 낯설다
정이 들었다

그때 그 사람 혀 내밀고
쫓아와
가쁜 숨 몰아쉬다
눈알 붉었네

염전

햇살 좋은 바닷가에
고래 한 마리 키우려
바닷물 풍장風葬을 치루면
바닷물 둑 넘어 빼빼 말라 간다
발목 잡힌 바닷물
제 혼만 남기고
태양에 익어 굳어버린 삶
뼈만 앙상하다
눈물도 마르면 뼈만 남는다

고향 쌍바위

송호리 냇가에
쌍바위 다정한데

뽑아버린
생 이빨
무너진 고향

덧니 난 고향이라도
가고 싶은 꿈이 있어
오늘도 고향 길
찾아가건만
쌍바위 눈물길 아픔이라네

제2부
어머니 옥시기

불효자

강당산 눈보라야
어머님 무덤 속까진
뿌리지 마라

서둘러 가시는 길
찬바람 엉킨
삼베옷 한 벌

강당산에 눈비 오면
어머님 무덤 올라
알몸으로 통곡한다

영정 사진

꽃 속에 꽃은
죽음보다 더 아름답다
꽃에 꽃을 심는다는 건
슬픔이 모자라
모두가 꽃이 되는 것

하얀 송이
눈물로 피워 낸 소금 꽃
아름다움 모자라
슬픔마저 꽃이 되는

자식들 가슴가슴
뜨거운 눈물로만
피울 수 있다는
한 백년 피고 질
한 떨기 상사화

그리움

눈동자에
그린 그림
보고 또 보고

놓친 손
시려울까
화롯불 쬐다

초승달 버선발로
살포시 다가서다

여운만 남겨놓고
떠난 그 사람
그림자 뒷걸음질 어이할까나

손자, 응급실에서

말 못하는 울음을 울어 본 적이 있는가
몸부림으로 우는 울음을 들어 본 적이 있는가
눈감고 귀청으로 울어 본 적이 있는가
몸부림으로 울음의 크기를 알아 본 적이 있는가

울음보다 듣는 눈물이 더 크다는 것을 아는가
눈물엔 슬픔보다 더 큰 두려움이 배어 있는 줄도 아는가

문 닫고 울지 마라
따라 울지 못하는 마음마저 닫을 수 없잖니
울음 속에 눈물만 있는 줄 알았는데
울음소리 커질까 애만 태우고
울음으로만 아픔을 말할 수 없구나

울음으로 아픔을 말해 본 적 있는가
울음으로 아픔 마음 달래 본 적 있는가

불심

염주알 동글동글
목탁소리 동글동글
염불소리 동글동글
부처님 말씀 동글동글
나무아비타불 동글동글
내 기도소리 동글동글

손자

놀던 자리 어수선해도 아름답다
흩어진 그대로 중구난방
손자의 손재주
산 것만 살았다고
우겨대는 제 애비보다
죽은 놈도 살려내는 손자 놈이 기특하다
하는 짓은
서툴러도 어색치 않다
말은 어눌해도
자꾸자꾸 듣고 싶은 말
경전보다 비싸다
하는 짓 모두 어른보다 지혜로우니
뿔난 강아지 쫓아내지 말 일이다

아내

마음만은 꼬집지 말자고
기침소리만 나눠 듣자고
눈빛만 잡아도
못 볼 거라고
새옹치마 골라 입고
버선 발등 동여매고
지난세월
무지개 빛
저녁노을 던져 놓고
오늘은
거울 앞에 앉아
흰머리만 세고 있네

노총각 기도

해인사 연못
내공 속에는
속세에 묻어 두고
혼자만 삭이는 것들

그 속에
마흔을 넘긴
철민이 삼촌이
던져 놓았다는
동전 한 잎

누나야
누나야
꽃피는 산촌에서
뻐꾹 소리 들어보자

어머니

꽃비 내려
열 달 세고 나온
허물어진 성

꽃씨 자란 텃밭
첫울음으로 세상을 열고

포만의 고통도
태산이 무너짐도
강물의 흐름도
신의 계시로만 살던 곳

세월에 묻힌
묵정 밭
우리 형제 자란 텃밭

고희가 되니

벚꽃 지며 아프다 소리 한마디 못하고
시끄러운 강물 입 다문 지 오래
짝짝이 신발 얼굴 붉히며
백발도 짐이라고
잃어버린 한 짝 찾을 생각도 못하고

이 빠진 달력 너도 늙어 가는가
하루가 한 해처럼 멀기만 하다
바람이 밀어 줘도
오르지 못할 길은 오르지 못하고
바람 따라 사는 것도
하루가 지루하다

허리띠 졸라매도
허리춤 썰렁하고
손자 놈 그림자 밟아 본지 얼마만인가
그림자마저 그립다 아우르던 당신
떠난 지 몇몇 해

더 이상 무너질 것도 없는데
서둘러 떠난 당신,
서산 저녁놀 붉어
해는 아직도 저만큼
남아 있는데

시인의 초상화

설익은 마음 터트려
아픔이 되더라도
받침 하나 빠트린 당신 미워하지 말고
시옷이 누구인가
쌍시옷 나란히
손잡고 걷고 싶은 사람

생각을 싹 틔워
소용돌이 휘휘 몰아
흔들리는 너의 심장
깊이부터 파고드는
회오리처럼

사진 같은 침묵으로
사전 같은 단단함으로
마음이 절여오는 절터 같은 생각으로
구들방 아랫목에서 따뜻함으로 피어나는

푸른 물결 오선지에
리듬을 싣고
생각이 미쳐 시가 되면
시인이란 모자를 쓰고 싶다

소낙비 오는 밤

참았던 울음이 터지고
산통으로 사신
울 아버지 곰삭은 세월

찢긴 가슴
먹구름 차오르면
아버지 소나기 맞는 소리 방안 가득하고
빗줄기 갈래갈래 제 살 한 점 떼어내
미움만큼 자라는 줄 모르고
천둥 번개 잠재우지 못해
한 밤을 지새우시던 아버지

윗물만 맑다 하시던 큰아버지
강물에 걸려 넘어지면
강물은 스스로 자라 스스로 무너지는
먹구름 한 점
오늘밤
아버지 제사상에

소나기 한 줄기 하려나 보다

웃고 있는 영정 사진

빠진 이빨 감추려
입술 굳게 다문 채
움푹 패인 볼
오목 웃음 웃으시고

미운 자식 웃으면
사랑이 될까
눈가 주름살
조화 속에 숨겨 놓고
조문객 고맙다
반겨 주듯이
슬픔도 꽃이 될까
웃고 계신다

마른 눈물
닦고 나면
슬픔도 작아졌나
울음소리 그쳐가네

허리끈

시집 온지 얼마간
끈 끝을
손톱으로 매고 푸시더니

자식 줄줄이 낳고
매듭짓고도
한 뼘이나 남는다하더니

이승 묶어낼 제
한 뼘
허리 끈
길기만 하구나

어머니 옥시기

잇몸 단단한 사람들
모두
옥수수라 해도

앞니 빠진 어머니
받침 하나 세우지 못해
혓소리 덧세워 옥시기라 하셨습니다

세상사는 일 물렁치 않다
입술 깨물며 단단하게 살라하시지만
물어뜯지 못한 옥수수는 옥시기어야만 했습니다

말랑말랑한 사랑 그립다 하면서도
단단한 삶에 익숙한 당신
옥수수란 말 거추장스럽다
옥시기란 말에 밑줄을 긋고
당신의 탄탄한 기억을 더듬어 보지만
점 하나 붙일 수 없는 냉정함으로

언어의 살점 하나 붙일 수 없어

물렁물렁한 삶도 어금니처럼 사시던 당신
이 빠진 틈새로 새 나오는 콧소리
언제 들어도 말랑말랑 합니다

아파도 화장火葬을 해야 한다

현고顯考 현비顯妣
무거운 짐 자기 몫 될까 서로 미루다
나눠 마실 수 없도록 너무 딱딱해졌다
부모 죽음 묻을 자리
자식들 마음이 명당인줄 알면서도
누구하나 제 마음 비울 줄 몰라
형제 끈 끈기 전에 화장을 해야한다

죽음도 생일 있다 만들어 놓고
해마다 제사상 서로 미루다
화음 하나 틀린다 큰 자식만 원망하고
늘어날 불만 때문 화장을 해야 한다

남겨둔 미련도 꼬집었던 아픔도
늙어가는 두려움으로 남아
뜨거운 반성 불 속으로 뛰어들어
고개 드는 후회도 두고두고 후한도
아픈 기억 날개 달까

화장을 해야 한다

날 수 없는 영혼 불길로 남아
영혼에 금이 갈까 뜨거움으로 녹아내리면
한 순간만 참으면 영원으로 살 것처럼
하얀 연기 모락모락 명복을 빌고
죽음도 별거 아니다 붉은 혀 날름거리면
하늘 길 오르다 떨어지는 영혼들께
현고 현비 주소없는 엽서 한 장
부칠 곳 없어졌네

할아버지 고백

여보
이제부터 내가
당신을 업어줄 차례요
비틀 걸음에 업어 준다
고마워 마세요
아무리 무거워도 세월만큼 무겁겠소

여보
업힌 등 무겁다 말한 적 없는데
업힌 등 무거울까
엄지발가락으로 땅을 살짝 밟지 마세요
힘들다 목 감은 손에 힘도 주지 마세요
제대로 한번 업어 주고 싶어요

여보
이제 당신 마음 따스해질 때까지
어부바 기술 당신만 못해도
내 등도 따스해졌음을 잊지 마세요

이제 당신 등 내밀지 마세요
당신이 나 업어 준만큼 업어 주려면
태산만큼 남았다오

여보
이제 당신 등 따스해도 업히지 않을래요
내 등 굽었어도 업기만 할래요

손자 사랑

오늘은 너무 행복해
한잠도 못 잤어요

팔 베게
풀었다 놓았다
한잠도 못 잤어요

코끝 시릴까
덮어주고 당겨주고
한잠도 못 잤어요

제 에미 애비
찾을까 조마조마
한잠도 못 잤어요

빈자리

어제

아버지가 먹던
숟가락으로
밥을 먹어 본다

먹어도
먹어도
배가 고프다

한 곳쯤은 숨기고 싶다

등의 때를 닦다보면 아무리 용을 써도
자기 손으로는 닦을 수 없는 곳이 있다
견골과 견골 사이 조금 내려 손바닥 정도의 등짝은
자신의 손으로는 다룰 수 없는 절대적 영역이다

신이 인간에 준 죽음에까지 남겨 두어야 할 성역,
등과 등을 맞대고 살아오면서 숨어 사는 자기 것
자기 몫이라고 할 수 없는 것처럼
만질 수 없고 볼 수 없었던 그 자리가 우리가 손잡고 살아가야 할
영토인지도 모르지만 누군가 손끝이 닿지 않은 곳에 손길 한번 준다고
숨김을 찾는 일은 아니지만 서로가 서로를 보듬고 살아가는
한 곳쯤 남겨두고 싶다

끝과 끝은 아무리 늘려도 닿을 수 없는 영역이 있는 줄 알면서도

닿을 수 없는 곳을 닿아 보려 애쓰는 것을 욕심이라 말하고 싶지 않다

마지막 떠나시던 날 칠성판에 그 곳만은 닿지 않으려
마지막까지 고집을 버리지 않으셨던 아버님
손등 하나 들 수 없는 공간을 무덤까지 영원한 공간으로 남기셨다
손끝이 닿아야 할 곳에 용쓰는 일은 허튼짓이 아니라는 것
사람들, 어딘가 한 곳쯤 누구에게나 감추고 살고 싶어 한다

제3부
소리 뒤편

고독

나비는 외로울 때 날갯짓을 하고
매미는 쓸쓸할 때 노래를 한다

너에게도 언젠가 고독은
너의 밥이 될 것이다
장독 속 빨갛게 물들이는 장아찌처럼
너의 입맛도 붉게 물들고
고독은 너의 가장 가까운 곳에서 일어나
혼자라는 핑계로 성을 쌓지 않을 것이다
항아리 속 붉은 입맛
알맞게 익어 갈 때
고독은 서서히 몸에 배어 가고
제 몸에 있는 것 모두가 제 것이라고 우겨대는
바닷물처럼
바닷물에 녹아 있는 것들 모두가 고독이다
고독은 혼자만의 몸부림이
어딘가에 절여져 있다는 것

동해 일출

처음 그녀를 만난 곳은
촛대바위 사이로
속치마 펄럭임 없이도
수많은 눈총이 꽂히는
뜨거운 바다가 포옹하던 곳

구름 한 점에도 부끄럼 없이
상처의 부딪힘이
포만의 두려움으로 번지고
기다림과 기다림이 맞닿아
참았던 욕정 붉던 곳

누가 갈라 놓았나
어둠과 밝음의 한계를,
시작은 끝을 당기고
끝은 시작을 당기는 새벽

하늘의 부름도 아니요

바다의 부름도 아닌데
마냥 기다리는 그대들
빈손이 아니기만
하느님께 기도하는 눈 먼 새벽

자귀나무꽃

겨우내
합환의 정열을 태우기 위해
늦은 봄까지 일어날 줄 모르는 금슬 좋은 부부
이제야 당신이 죽도록 아름다운 이유를 알 것만 같다

짙은 사랑을 위해
부드러운 살결에
아름다운 몸매를
어느 누군들 탐내지 않겠니

밤새 얼마나 진한 밀애를 나누기에
문 겹겹이 잠그고
시간이 꽃이 되고 꽃이 밤이 되는

하얀 저고리 분홍치마
청아한 자태를 어이 비껴 갈 수 있으랴
공작새 날갯짓 너무 요염해
한없이 무너져 내리는 밤의 향연

욕정에 두려운 밤 깊은 잠 들지못해
창박 청사초롱 꺼질 줄 모르네

구천동

물줄기 잡다 놓쳐
꼬리 될까
등을 내밀지 않았다

산 그림자 숨어 산들
산이 물이겠는가
안팎이 바뀐 들
물이 산이겠는가

구천의 모성 근원지에
세월이 앉아 쉬고
저녁 산 까치
산그늘에 숨어들어
본류를 바라보는 머나먼 그리움으로
본성을 다시 보는 심회는 무얼까

용소에
떡갈나무 잎 하나

제 몸 하나 뒤집지 못하고
흐르는 산새소리
나그네 잡는데
길 잃은
솔바람은 어찌 할까나

청보리 밭

푸른 바다
달려와
멈춘 자리

갈매기 날갯짓
까칠까칠 서럽고

뱃고동 선율 따라
훌쩍이는 종달새

푸른 하늘
푸른 바다
모두가 청보리인 걸

뱃고동
보리피리
모두가 그리움인 걸

무언

외출하는 날
빨간 넥타이도
콧날이 반짝이는 구두도 필요 없다

필요 없다는 것
귀찮아 진다는 것
싫증이 난다는 것
색맹이 되어 간다는 것
미를 잃어 가는 것
단순해 진다는 것
순수해 진다는 것

빨강도 반짝임도
무게가 있다는 것
살아갈수록 점점 가벼워진다는 것

빙벽

빙벽은 밤새
오름을 거부하는 법을 배우고
오르려는 자는
걸침 없이도 살아가는 거미의 공중기법을 배우려
밤새 줄을 당긴다

칼바람은 더 깊이 도를 닦고
미끄러운 올림표들
햇빛마저 거부하는 냉기로 몸을 다듬고

오르려는 자
밤새 날을 세우고
밀치려는 자
터진 상처
찬바람이 어루만지는 밤엔
더 단단한 내일을 위해 밤을 새운다

상처를 줄이는 법은

단단함과 깊이를 허락하지 않는 일이다

오르는 기쁨과 떨어지는 두려움
단단하고 반질반질 단련된 육체
내일이면 꽂고 꽂히는 전쟁 통에
비린내 없는 살점들 섬광에 번쩍일 것이다

마애불

바윗골
마애불

억겁창생億劫蒼生
빌고 빌어
눈 코 입
다 떼어 주고
귓불만 남았다

과묵다청寡默多聽

경전
한 마디
묵언으로 남기시고
허망한 세월
누굴 탓하랴

편견偏見

활짝 핀 꽃들만 아름답다 하지마라
반만 벌어 아름다운 매화도 있단다

가까이 본 꽃들만 아름답다 하지마라
멀리 보아 아름다운 복사꽃도 있단다

총총 핀 꽃들만 아름답다 하지마라
홀로 피어 아름다운 연꽃도 있단다

화려한 꽃들만 아름답다 하지마라
아름다움 넘어 선 호박꽃도 있단다

고요

달빛
한올
발 담그면

우지직
강물 무너지는 소리

모교 연정

등하교 길 벚꽃 울고 웃다 지쳐 낡아 빠진 하루
이 교실 저 교실 넘나들던 꿈 여물지 못해
텅 빈 교실에 시작과 끝을 잊은 때 묻은 종소리가 있고
함석 지붕 위 소낙비 볶아 먹는 콩 튀는 소리가 그립다
고무줄 팔짝팔짝 순이 긴 머리가 춤을 춘다
구수한 장작 타는 난로 위 도시락 익어 가는 냄새
수업 끝 종소리 천년처럼 길고
근식이 신발 한 짝 감추고 원수 갚았다 좋아하던
용숙이 얼굴이 또렷하다
칠판엔 아침자습 숙제 검사 거미줄에 대롱거리고
시간을 멈춘 전등아래
구구단 외는 소리 생생하다
나머지 공부 99 88 영원히 외지 못하고
그 친구 떠난 날
나도 구구 팔팔 열심 외며 돌아오는 길
오늘 따라 고향 노을 왜 그리 붉은지

천수답 물줄기

수채 구멍 꿀꺽꿀꺽
아버지 목 줄기 막걸리 넘어가는 소리에
목청 메인 청개구리
가시울음 울고
황새는 슬금슬금 눈독 들인 먹잇감에
날갯짓 한 걸음 옮겨 앉는다
아버지 얼굴 비출 만큼
논물 고이면
숨통 막힌 논바닥 뿌글뿌글
명줄 당기기 바쁘다
벼 한 포기 심지 않은 논에
산도 끼어들고 나무도 들어서면
쌀방개 똥방개 한가족 다정한데
거머리는 빨대 물고 숨어 들겠지
물 무당 뱅뱅 굿 장단 치고 엿장수 떼지어
장 구경가면
촉새도 은근슬적 따라 나선다
온갖 잡새 주둥이로 모내기 연습 중

그들 하는 짓 대견하다
맹꽁이들 배터지도록 풍년가 부르면
노을빛 황금 들녁
쟁깃밥 두 술로 두툼해진 입술

하늘이 천수답에 밥을 먹이고 있다

호두

단단한 머리뼈 속에
주름진 생각들 가득하다
냇물 흐르던 자리
미아 찾다
길 잃은 지 오래다

분할 된 창고마다
황금덩어리 가득할 때까지
부분집합으로
공식을 만들어 가며
고소한 사랑 방정식
풀길 없어
통째로 굳어버린 삶
어둠 속을 헤매다
오늘도 주름 깊어
세월을 잊고 산다

강바닥에 새긴 시

물 빠진 강바닥에
낙서처럼 널려진 생각들
읽지도 못하는 시구 빽빽하다

지렁이 몸체로 갈지자 之 써 놓고
취기로 한 수 배운 것 같다
온갖 잡새 종종 걸음
제 이름 써 놓고 찍지굴 짹째굴 제 이름이란다
달팽이 또박또박 띄어쓰기 분명하고
눈 밝은 황새 더듬더듬 몇 구절 쪼아 보고도
도저히 이해 못해 두리번두리번 눈치로 한 수 한다
촉새들 연 따라 행 따라 제 서체 못 바꾸고
너무나 어렵다 쓰고 지우고…

갈대머리
먹물 꾹 찍어 한 수 써 놓고
오독誤讀도 괜찮다 읽어 보란다

목탁소리

개심사에 다녀오신
어머니 몸에서 들리는
목탁소리에
욕심쟁이는 꼬리를 자르고
미소는 연꽃으로
똥배는 허풍을 떨며
마음에 씨받이가 된다

나는 시들어진 마음 들키지 않으려
몸을 움츠리고
대문을 잠그고
잠꼬대 없이
지난날의 고행을 맛으로 알고
찬불가를 부르고
반성문을 쓰며
더렵혀진 발자국에 노을이 지기 전에
청춘이어야 한다

목탁소리에 당당해질까
새 옷으로 갈아입고
홀쭉해진 마음으로
창문을 열면
빗방울 소리 똑똑
목탁소리 같다

소리 뒤편

소리 없이 새를 쫓는
허수아비도
옷을 벗으면 위대해진다

새가 말 못하는
너를 보고도
농부의 마음을 헤아리지 못하는 것은
제 발소리를 제가 듣지 못해서다

십자가에 옷을 입히는
농부의 손길도
소리의 뒤편

종소리에
내 마음 닿을까 말까
망설이는 것은
소리의 뒤통수를 보지 못해서

목탁소리 뒤편에
부처님 말씀
소리 뒤편을 읽는 사람은
곡선도 사랑할 줄 안다

파도 발자국

파도는 발자국을 남기고 싶어
모랫벌 들락날락
혓바닥 같은 발자국을 남기고도
땅위로 올라서지 못해
안달이다

파도 발자국에
물새 발자국 꾹꾹 찍어 놓고
파도도 아파할까
발톱을 남기지 않는다

물새 발자국에
물들 걷고 나면
물새 자욱 무거울까
깊이를 높이지 않는다

마음 떠난 바닷가
그대 생각

지워질까
달그림자 조심조심
바다를 건넌다

제4부
비의 발자국

잃어버린 고향

물살이 약해진 여울자락에
죽음이 자유처럼 일어나 앉아 있다

고향 지키며 산 것이 무슨 죄라고

한쪽 눈이 없는 놈, 머리가 짱구인 놈, 몸집에 굴곡을 짊어진 놈
허리가 휜 놈, 꼬리가 없는 놈
눈이 튀어 나온 놈, 배가 빵빵한 놈, 주둥이가 튀어 나온 놈

인간들
제 집 아니라 함부로 버려놓고
내 고향 그립다 빈말도 부끄럽다

빗다

머리를 빗다 보면
사람과 사람 사이는 길이 있어야 한다는 것도
머리를 가다듬는 일이 빗만의 일도 아니라는 것도
머리카락도 결 따라 살아야 한다는 것도
모두 빗는 일이다

사람들
누구에게나 바르게 서야할 줄이 있고
깨우쳐야 할 경문 있다는 것도
순리로 산다는 것도
빗살만큼 머리카락 간격을 맞춰주는 일도
빗의 길을 찾아 주는 일도
틈과 틈을 만들어 가는 일도
태어남과 죽음의 틈 사이로
호흡과 호흡을 맞추며 살아가는 일도
모두 빗는 일이다

빗긴다는 것

서로 서로 소통하며 사는 일이다

비 발자국

비도 발자국 소리로 방문을 열고

비오는 날
강물은
난시 안경 쓰고
발자국을 읽는다

강물 깊어
발자국은 쌓이고
지나간 발자국
누구인지 몰라도
서로 서로 몸을 섞는다
같은 고향
같은 발길
서로서로 닮아간다

수없는 발자국들
흐름 길 따라

서로가 서로를 무시하지 않으려
발을 밟지 않는다

처음처럼 살자

당신과 나
흑백사진
하양 껌정으로
처음처럼 살자

몸뚱이만 탐하는
붉은 혀 날름거림보다
처음 입맛 그대로
처음처럼 살자

우리 빈손도
무겁다하던
그 시절로
처음처럼 살자

위도 없고
아래도 없는
그냥 그 자리에서

처음처럼 살자

잘 보이려 고깔 쓰고
못났다고 엉덩방아
그런 거 없었다고
처음처럼 살자

마음까지
화장化粧 할 수 있을까
그때 그 마음으로
처음처럼 살자

노숙자

빛바랜 전조등도
제 발밑은 비추며 사는 곳에
아무도 심지 않은 잡초들이
홀씨처럼 날아들어
아스팔트에 단련된 삶
뿌리도 못 뻗은 채
그 단단함에도 샘이 있다고 우겨대는 고집
고인 물에 뿌리 걸친 쇠비름처럼
다리만 뻗어도 거긴 내 집이란다

아버지라고 불러줄 사람도
당신이라고 부를 이도 없는 빈터
목 쉰 기적소리
산산이 부서진 가족들 가슴에 박히는데
고향 소식 멀기만 하다

밀물 썰물 다 지나
철지난 세월을 덮고 살더라도

끈은 놓지 말자고
하루 열두 번
누구와의 약속인가
제 애비 부르는 소리 착각은 아닌데
고향 불러 대답하는 나그네 등 뒤로
웅크린 밤하늘
별빛마저 삼키는 지하철 3호선

괘종시계

평생 단 일초의 쉼도 허락하지 않고
열심히 살아 왔건만
세월을 등진 사람들 본체만체
텅 빈 뱃속 배고픔도 모른 채
세상사는 일 시간마다 챙겨 주던 네 모습에서
'밥 달라 소리치고'
'밥 먹어라 소리치며'
당당하게 큰 소리 치며 살던 그 시절이 그립구나
눈금 없는 세상
밥 주기 귀찮다고 내장까지 들어내어
심장 하나만 남겨둔 채 숨소리마저 잠겨버린 세상
사는 꼴 외로워도 눈길 주는 이 없어
졸던 밤 12시를 10시라고 우겨대는 고집들
오늘을 미룰 수 없어 과거로 돌아가는 존재들
살아온 명성 때문 오늘을 버리지 못하는 세월의 흔적
세월을 바르게 계산하지 못한다고
외롭다 서러워 마라
세월을 착각하며 사는 사람 어디 너뿐이겠는가

폭포

폭포에 가면
물도 서 보고 싶은 마음에
뼈대 세워 단단한 몸매에
등뼈 마디마디 곧추 세우고
종아리뼈 둥글다
울퉁불퉁한 근육에 늘어진 비단자락
한 춤 할 것만 같다
떨어지는 물소리
생명을 노래하며
천년을 유연하게 살아온
날렵한 몸맵시
강하고 부드럽게
느리고 빠른 굿 장단에
흰모시 춤사위가 눈을 멍들게 한다
같은 동작 반복 없이
치솟는 고래 한 마리
그 나이 몇 살이나 될까나

전깃줄

평행선 달리는 외마디
한 뼘 거리 멀다하고
잡을 수 없는 너와 나
서로가 배반이어야 한다

불타는 홀몸으로
뜨거움 태우지 못하고
단전으로 시린 가슴
여미는 손 끝

남남으로 살아도
언젠가
감전으로 번질
점을 향한 무한한 질주
서로가 서로를 잊으려
평행선을 달린다

반성하는 사람들

천둥 번개

이놈 저놈

호통도 아니요

꾸지람도 아닌데

모두 죄 값으로 듣는다

길을 내지 말고 살자

네 어깨에만
별이 떨어지기를 기다리지 마라
별이 언제 주소 갖고 찾아 갔나
보이는 것 다 길인데

바람한테
길을 묻지 마라
그가 언제 길 따라 가던가
제 몸 지난 자리 모두 길인데

그림자
언제 길 물어 사는가
주인 따라 남긴 삶
그게 길이지

강물 푸르다고
푸른 길만 가던가
낮은 곳 찾아 사는 것이

그가 사는 길이지

촛불의 함성

눈물을 수없이 흘려야만
길이 보인다고
밤새 울고
버티어온 세월만큼
출렁이는 함성들
벼랑 끝 날개 춤
제 가슴 쥐어박고
노한 하늘을 달래려
모여든 먹구름

몸을 태워야만
기쁜 울음을 듣는다고
제 살 태우며
비릿한 냄새 한 움큼도 제 몫이라고
불어터진 함성들
청계천을 흐른다

초 하나로

긴 밤을 완성하려는 사람들
불꽃심으로 새겨듣고
말없는 고백
뼈 속 깊이 파고드는
침묵의 함성
손끝마다 열린다

마흔 고개

바쁘다는 핑계로 서둘러 가시더니
큰 놈도 제 인생 반도 못 살고
뒤따라 간 마흔 둘
살풀이 굿 장단 치기도 전에
보리 땡 춤 덩실덩실 한탄강을 못 건너고
까칠한 보리밥 한 그릇에 허리띠도 못 풀고

볕이 들면 양지인데 등 그림자 어이하랴
이 핑계 저 핑계로 핏줄도 속이고
속아주지 않는다 원망도 없이
비 오는 날 우산 없이
그치기만 기다리다
제 갈 길만 고집하다
젖은 옷 벗지도 못한 채

망나니 송아지 코뚜레 아플까
피 몇 방울 무서워 숨어 살다가
등짐 한번 제대로 못 지고 가는 나이

그래도 작은 콩 한 톨 남기고
종답에 씨 뿌리고 떠난 나이
마흔 둘

접시만 닦다 한 술도 못하고 떠나는 나이
마흔 둘

돌아설 수 없는 벽

까치발
칼날을 걷는 사람
한 칼에 잘린 가슴
끝선을 모르고

하늘과 맞잡이
날 세우며 산 사람들
무딜 줄 모르고
햇빛에 부서지는 날선 날
네 가슴에 박힐 때
포기로 돌아서는 비굴함이여

너를 넘어 이기려는 자
용서치 않고
하강의 존재 속에
뜬 구름 잡다
하늘을 잡고 떨어지는
혼 빠진 넋이여

수직에 기절한 절벽
칼바람에 베이고
부엉부엉 울음이 네 울음인줄 아느냐

나비 날개

바람 앞에 무릎 꿇은 나비는

날지 못하는 날개
산 척 죽은 척
넘실대는 파도에
조각배 하나

수직과 수평으로
접었다 폈다
두 날개 합장하여
꽃잎 하나

제자리

신발장에 신발
질서를 지키고
현관에 널린 신발
자유를 누린다

신발장에 신발
제 방에서 잠자고
현관에 널린 신발
노숙자처럼 외롭다

신발장에 신발
한 가족 다정한데
현관에 자빠진 신발
제 짝도 못 찾는다

이별

서로

돌아 서는

마음에

입덧

카메라에 담았습니다

당신이 마음껏 피운 웃음
맨눈으로 볼 수 없어
카메라에 담았습니다

당신이 머문 자리 너무 뜨거워
맨 가슴으로 만질 수 없어
카메라에 담았습니다

당신이 뿌리신 정 너무 깊어서
빈손으로 잡을 수 없어
카메라에 담았습니다

당신이 걸으신 길 너무 아름다워
가신 길 지워질까
카메라에 담았습니다

해설

감동으로 이끄는 소통의 시

홍강리(시인)

1

시의 접근 방법을 표현주의적 시론과 인식론적 시론에서 찾으려 할 때, 표현주의적 시론은 시적 의미의 주관성에 그 근거를 두며, 시가 말하는 것은 어떤 객관적 대상이 아니라 시인 자신의 심정 혹은 감정이다. 가령 김춘수의 '이중섭 3'을 보면 이해하기 힘든 시구 '서귀포에는 바다가 없다. / 아내가 두고 간/ 부러진 두 팔과 멍든 발톱과/ 바람아 네가 있을 뿐/ 가도 가도 서귀포에는/ 바다가 없다.'가 보인다. 불행한 삶을 살았던 화가 이중섭의 제주 생활을 모티프로 한 시다. 시인은 「봄 바다」라는 또 다른 시에서 '제일 아름다운 인간의 여자가 탄생하는' 생명의 공간으로 바다를 이야기했다. 그 점에 비추어 볼 때, 서귀포에 바다가 없다는 말은 파도가 넘실거리는 저 거대한 수면의 실제적 바다를 객관적으로 서술한 것이 아니라 아내와 단절되어 있는 화자의 심리적 절망감을 나타낸 것으로 볼 수 있다. 그러나 인식론적 시론에서는 개인적 감정의 주관적 표현에 그치지 않고 하나의 인식 수단이며 사물의 진리를 밝혀 주는 것을 시로 보았다. 가령 '바다' 는 '뭍' 의 상대어로써 인식하는 것이 객관적, 사실적 진리이겠지만 비과학적 입장에서는 '아내' 혹은 '모성' 이라고 생각하는 것이 진리일 수 있다. 따라서 시에서 우리는 과학으로 알 수 없는 사물이나 현상을 인식하게 되는 것이다.

그렇다면 이렇게 다양한 추상론들 가운데서 시의 본질을 어떻게 규명할 것인가 라는 문제를 만나게 된다. 시로 표현된 언어들 가운데서 어떠한 시정신이 어떻게 해서 체득되었으며 또한 이것이 어떻게 확충되고 발전되어 나갔는가 하는 것은 어느 정도 접근이 가능할 것이다. 마치 인생에서의 체험의 지속과 누적으로 삶의 본질을 체득하는 것과 같은 것이다. 그러므로 시고 전체를 통해서 본 통합적인 문맥의 파악과 함께 시가 언어의 유기적 구조물이며 체험의 재현으로써 전달 효과를 특성으로 언어예술이라는 점을 생각한다면, 시의 본질은 시 구성의 각개 요소를 종합적으로 분석하는 데서 실마리가 풀려나올 것이다. 그것은 첫째, 시를 구성하고 있는 언어의 특질을 구명하고 둘째, 구조적 형태를 분석하고 셋째, 관념과 정서 등 시의 내용을 탐구함으로써 본질에 접근할 수 있을 것으로 본다. 반영동 시인의 작품도 그런 관점에서 접근하고자 한다.

2

한국의 현대시를 싣고 면면히 흘러온 강물은 참으로 여러 갈래의 지천이 있었지만 뭉뚱그려보면 크게 세 줄기다. 하나는 전통적인 서정시의 양식을 고수하면서 삶의 본질적인 내면세계를 탐구하고 있는 순수 서정시 계열이며, 또 하나는 과감한 시 형식과 재기발랄한 상상력으로 현대사회와 삶의 소외관계를 제시하고 있는 해체시 계열이고, 세 번째는 현실의 개선을 도모하려는 목적을 나타내는 민중시 계열이라고 할 수 있다. 이중 반영동시인은 첫째에 해당한다. 언어, 구조, 정서가 다분히 전통에 줄을 대고 인간의 본질적 내면을 그려내고자 무단히 노력하고 있는 흔적이 도처에 널려 있다.

강당산 눈보라야
어머님 무덤 속까진

뿌리지 마라

서둘러 가시는 길
찬바람 엉킨
삼베옷 한 벌

강당산에 눈비 오면
어머님 무덤 올라
알몸으로 통곡한다

—「불효자」 전문

강당산은 음성 원남 보천리에 있는 반 시인의 선산이라고 한다. '어머님', '강당산', '삼베옷' 이 나온다. 다 향토성이 짙은 제재들이다. 운율도 3 · 4조를 변형시킨 시조율이다. 어머님에 대한 극진했던 사랑을 이면에 숨겨두고, 어머님 생전에 다하지 못한 효행에 대한 아쉬움을 통곡하는 한의 정서를 드러내 보이고 있다.

이 시는 그런 점에서 고려속요 — 황진이 시조 — 김소월의 일련의 시들이 보여준 향토적 제재, 정한의 정서, 민요율이나 시조율에 싣고 가는 애절한 감정 운반 등은 한국시의 전통을 그대로 재현시켜 놓았다고 볼 수 있다.

T.S. 엘리엇은 '시는 지은이의 의도에 있는 것도, 독자의

해석에 있는 것도 아닌 그 중간에 있는 것' 이라고 했다. 그래서 시 해석의 역사는 오류의 역사라는 것이다. 그러나 하이데거의 말을 빌리지 않아도 '시는 예술의 가장 높은 자리에 있는 것' 이며 인류는 시와 더불어 기쁨과 슬픔을 나누고 아끼며 사랑해왔다.

우리의 현대시단에는 그동안 해석이 가능한 시와 읽으면서도 길을 잃고 상형문자의 숲을 한없이 헤매는 의문의 시가 있는가 하면, 지나친 목표의식에 매달린 나머지 시적 본령을 떠나 정치적, 혁명적 급류에 휩쓸리는 구호 같은 시에 대한 우려가 잡초처럼 무성한 시절도 있었다. 그러나 시를 읽는 기쁨과 삶에 위안이 되었던 다정한 시적 목소리도 끊임없이 들려왔음을 희망삼아 오늘도 떨리는 손으로 시집을 펼쳐드는 사람이 많다. 반영동 시인의 작품은 그렇게 다가오는 시다.

뾰족한
초록 입맞춤
햇살 터지는 소리

양지 뜰
허기진 햇살
배불러 오는 소리

땅속
봄의 날갯짓
자궁 비우는 소리

—「봄이 오는 소리」 전문

'입맞춤'의 갈망과 '허기짐'의 결핍으로부터 '배부름'의 포만을 다시 비워낼 줄 아는 고운 심성이 삶의 철학으로 자리 잡고 있음을 읽어낼 수 있는 시다.

근원적으로 서정시는 존재의 결핍에서 상상적 충일로 나아가는 과정에서 형상화되기 때문에 시적 대상을 향한 한없는 매혹과 그리움을 담게 된다. 우리는 이러한 시인들의 상상력을 통해 자신의 삶을 반성적으로 사유하기도 하고 새로운 세계에 대한 간접화된 경험을 치르기도 한다. 그런 점에서 반영동 시인은 서정시의 본령을 충실하게 지켜가는 시인이라 할 수 있다.

3

시는 그 시인의 매력을 겸할 수밖에 없다. 작품은 작가의 분신이기 때문이다. 그 시인만이 보일 수 있는 개성적인 문체, 독특한 시선, 독창적인 해석은 시의 존재 이유다. 반시인의 작품에서 그런 것들을 읽을 수 있다. 어떤 대상이든지 그의 시 속에 들어와 자리를 잡으면, 풍경이 되고 의미가 되고 노래가 된다.

반영동 시인의 작품과 인품을 압축하자면 맑은 운율, 고향의 뒷동산과 같이 아늑한 풍경, 숭늉맛과 같은 그윽한 인간애(가족애), 달그림자가 서성거리는 토착적인 서정이 그의 온화한 인품과 순수한 심성에 얹혀 그가 쓰는 시의 밀도를 한결 승화시켜 주고 있다. 그의 시어는 곧 실물이 된다. '풀잎' 하고 읽으면 푸른 보리 싹이 금방 눈앞에 출렁거리고, '뒷동산' 하면, 팔베개를 하고 누워 파아란 하늘을 올려다보던 어린 날이 다가온다. 그래서 쉽게 읽히고 쉽게 감동하고 쉽게 고개를 끄덕이게 하는 시가 태반이다.

처음 그녀를 만난 곳은
촛대바위 사이로
속치마 펄럭임 없이도
수많은 눈총이 꽂히는
뜨거운 바다가 포옹하던 곳

구름 한 점에도 부끄럼 없이
상처의 부딪힘이
포만의 두려움으로 번지고

기다림과 기다림이 맞닿아
참았던 욕정이 붉던 곳

누가 갈라 놓았나
어둠과 밝음의 한계를,
시작은 끝을 당기고
끝은 시작을 당기는 새벽

하늘의 부름도 아니요
바다의 부름도 아닌데
마냥 기다리는 그대들
빈손이 아니기만
하느님께 기도하는 눈 먼 새벽

—「동해 일출」 전문

동해에서의 장엄한 일출을 보기 위해 꼭두새벽에 바다에 나아가 초조하게 기다리던 추억을 가진 독자라면 누구나 이 시에 동화될 수 있을 것이다. 다른 이의 시를 읽는 것이 아니라 내가 동해의 촛대바위 앞에 서서 해돋이를 경건한 심정으로 기다리고 있음과 같은 착각에 빠지게 한다. '그녀', '촛대바위', '기다림', '욕정', '어둠과 밝음의 한계'로 이어지는 의식의 미적 연결이 다채로운 이미지를 통하여 구명되고 있음에 현란함까지 동반하고 있다.

반 시인의 작품은 우리의 사상과 우리의 깊은 전통성에 바탕을 두고 있으며 그 전통성이 그의 시에서 주류적인 호흡과 주제와 그리고 의식을 표현하고 있다. 그의 사상은 동양적인 정신 바탕을 이루는 한국의 자연세계, 그리고 짧고 단호한 호흡은 선비의 기개와 기질을 드러내 놓고 있는 것이다. 이러한 시적 세계를 온존시켜 나간다면 전통적인 순수성에 새로운 민족정신의 혼을 불러일으킬 수 있는 시 정신을 이 땅에 뿌리게 될 것이다. 다음 예시에서도 그와 같은 특징이 잘 나타나 있다.

달빛
한올
발 담그면

우지직
강물 무너지는 소리

—「고요」 전문

4

반영동시인의 작품 속에는 가족에 대한 사랑 이야기와

고향에 관한 작품들이 많다. 이 부류의 시들은 그 소재나 운율에 있어 다분히 동시적인 훈향이 풍긴다. 평생을 초등학교 교사로, 교장으로 봉직했던 이력에서 비롯된 것이 아닌가 한다. 어린이들이 뛰어 놀던 그 교실과 그 운동장에서 평생을 보냈으니 어린이 사랑이 몸에 배었을 것이고 그렇게 육화된 사랑이 가족애로 인간애로 확대되었을 것이라고 추측해 볼 수 있다. 사랑이 없는 시는 존재하지 않는다. 인간을, 생명을 사랑하기 때문에 시는 써진다. 고향 사랑, 인간 사랑의 시들을 살펴보자.

물살이 약해진 여울자락에
죽음이 자유처럼 일어나 앉아 있다

고향 지키며 산 것이 무슨 죄라고

한쪽 눈이 없는 놈, 머리가 짱구인 놈, 몸집에 굴곡을 짊어진 놈
허리가 휜 놈, 꼬리가 없는 놈
눈이 튀어 나온 놈, 배가 빵빵한 놈, 주둥이가 튀어 나온 놈

인간들
제 집 아니라 함부로 버려놓고

내 고향 그립다 빈말도 부끄럽다

—「잃어버린 고향」 전문

그 아름답고 수려하던 고향이 환경오염으로 인하여 황폐하게 죽어간 현실을 개탄한 시다. 역설적으로 고향 사랑에 대한 시다.

놀던 자리 어수선해도 아름답다
흩어진 그대로 중구난방
손자의 손재주
산 것만 살았다고
우겨대는 제 애비보다
죽은 놈도 살려내는 손자 놈이 기특하다
하는 짓은
서툴러도 어색치 않다
말은 어눌해도
자꾸자꾸 듣고 싶은 말
경전보다 비싸다
하는 짓이 모두 어른보다 지혜로우니
뿔난 강아지 쫓아내지 말 일이다

—「손자」 전문

다 허점투성이인데도 마냥 귀엽고 대견하고 장래성이 있어 보인다. 이것이 할아버지의 마음이다. 할아버지의 마음은 곧 시인의 마음이다. 시인은 모순의 현실을 개탄하고 비판하여 더 좋은 세상을 만들기 위해 애쓰는 마음이다. 바로 그런 시적 자세를 엿볼 수 있는 작품이라 특히 애정이 간다.

푸른 바다/ 달려와/ 멈춘 자리
갈매기 날갯짓/ 까칠까칠 서럽고

뱃고동 선율 따라/ 훌쩍이는 종달새

푸른 하늘/ 푸른 바다/ 모두가 청보리인 걸

뱃고동/ 보리피리/ 모두가 그리움인 걸

—「청보리 밭」 전문

마음만은 꼬집지 말자고/ 기침소리만 나눠 듣자고/ 눈빛만 잡아도/ 못 볼 거라고/ 새옹치마 골라 입고/ 버선 발등 동여매고/ 지난세월/ 무지개 빛/ 저녁노을 던져 넣고/ 오늘은/ 거울 앞에 앉아/ 흰머리만 세고 있네

—「아내」 전문

위에 예시한 두 수의 시 '청보리 밭' 과 '아내' 는 미학적 인식이 다른 여타의 작품과 비교할 때 색다른 점을 지니고 있다. '푸른 바다' 와 '청보리 밭' , '까끌까끌한 보리 수염과' '갈매기 날개' , '뱃고동' , '종달새' , '보리피리' 등의 촉각과 시각, 청각적 시어가 어울려 빚어내는 공감각과 미적 추구는 '아내' 의 시에 와서 '무지개 빛' 과 '저녁노을' 로 환치되어 시인이 꿈꾸고 있는 살 만한 세상은 어디이고 어떤 세상인가를 궁극적으로 보여주고자 했다. 두 편 모두 다양한 감각적 이미지를 통하여 절충적으로 흐르는 의미의 연결은 물론 정서의 순일한 일체성을 뚜렷하게 잘 보여주고 있다.

반영동 시인은 이미 전술한 바와 같이 아름다운 감동을 쉽게 전달시켜 주는 시인이다. 억지를 부리지 않고 현학적 사유나 표현을 극도로 자제하면서 담백하게 시를 축조해 나아가는 기술을 가지고 있다. 그리고 관념화된 추상적 표현을 하지 않아 그의 시어 하나하나는 사물이 되고 의미가 되고 실제가 된다. 그래서 누구나 쉽게 접근할 수 있는 소통의 시다. 승화된 시적 문장의 획득을 위한 마음으로 오늘도 한 편의 시를 위해 애쓰고 있다는 사실은 매우 기쁜 일이다. 사진작가로도 활약하고 있는 반 시인에게서 서정시의 기율과 때 묻지 않은 공감력을 하나로 합치고 이것에 다시 역동적인 에너지를 부여하여 크고 넓은 도덕적 비전을 창조해 더 좋은 작품을 기대하면서 이 글을 여기서 접겠다. 시인의 건필을 빌면서 시집 출판을 축하한다.